FAMILLE D'HÉBRARD

RÉPONSE

A UN ARTICLE DE L'ARMORIAL FRANÇAIS

ABBEVILLE
IMPRIMERIE FOURDRINIER ET Cie
Rue des Teinturiers, 51-53

RÉPONSE

A UN ARTICLE DE L'ARMORIAL FRANÇAIS

FAMILLE D'HÉBRARD

RÉPONSE

A UN ARTICLE DE L'ARMORIAL FRANÇAIS

ABBEVILLE
IMPRIMERIE FOURDRINIER ET Cie
Rue des Teinturiers, 51-53

RÉPONSE

A UN ARTICLE DE L'ARMORIAL FRANÇAIS

Daté d'Avril dernier

MAIS PARU A LA FIN D'AOUT

J'ai reçu le 24 août seulement et comme « numéro spécimen », l'*Armorial français* d'avril dernier ; le hasard me l'a fait lire : si j'en avais eu connaissance plus tôt, on aurait depuis longtemps ma réponse. — Il est facile de critiquer l'œuvre d'un auteur mort depuis plusieurs années ! M. de Laffore avait centralisé chez lui tous les documents reçus de différentes sources, et ce savant, président d'honneur du conseil héraldique de France, auteur du *Nobiliaire de Guienne et Gascogne*, eut répondu beaucoup mieux que moi, puisqu'il avait sous les yeux la preuve de ses assertions ! Le vicomte de Poli, président du conseil héraldique de France, a reconnu dans l'œuvre critiquée « une science approfondie, une parfaite conscience et un veritable monument d'érudition scrupuleuse. » *(Annuaire du Conseil héraldique de France*, 2e année, page 207.) On vient maintenant affirmer tout le contraire.

Je ne me demanderai pas si l'*Armorial français* est d'une sévérité et d'un poids suffisant pour attaquer un auteur dont la science et l'honnêteté sont connues ; cela m'entraînerait au-delà des limites que je me suis tracées, vers de trop faciles et trop évidentes victoires.

Quand M. de Laffore s'offrit pour résumer l'histoire de ma famille en 1885, il m'écrivit : « J'espère que nous ferons aussi bien et aussi consciencieusement que ceux qui ont fait le mieux; nous pourrons laisser à désirer sous le rapport du style (qui est la chose la moins importante dans ce genre de travail), mais on ne pourra rien nous reprocher sous le rapport de la verité, l'honnêteté et l'ensemble de l'œuvre, que de manquer de tel ou tel document, ce dernier point est indépendant de la volonté; si l'on ne voulait imprimer que les généalogies pour lesquelles on possède tous les titres ou documents désirables, *on n'en ferait paraître aucune,* si ce n'est peut-être? la généalogie des maisons royales sur lesquelles tant d'autres ont écrit. » Plus tard M. de Laffore ajoutait : « J'espère que la généalogie de la maison d'Hébrard sera un bon et solide travail où les érudits trouveront souvent leur satisfaction *et les jaloux pas trop à mordre!!!* » Et plus loin encore : « J'ai offert mon travail gratuit, uniquement pour vous être agréable et faire une œuvre utile aux érudits de notre pays. »

Je n'insisterai pas sur l'origine des ducs de Frioul, marquis de Trévise, puisqu'on avoue que M. de Laffore n'est pas le premier qui attribue à une maison d'ailleurs illustre, une origine quelque peu fabuleuse et qu'il cite du reste les ouvrages anciens sur lesquels il s'appuie (d'autres familles françaises se donnent justement *les mêmes auteurs,* sans le prouver mieux et on ne les critique pas!!) Je passe tout de suite à ceci :

Armorial Français, page 248.

L'annuaire des Châteaux 1895, renchérissant encore sur la méprise des généalogistes à donné du château de Saint-Sulpice, berceau de la maison d'Ebrard de Saint-Sulpice, actuellement possédé par M. Fernand d'Hébrard, un imprimé historique tel qu'il est impossible de le lire à moins d'être convaincu que cette antique résidence n'est jamais sortie de la famille.

Réponse aux pages 248 et 254; « l'annuaire des châteaux renchérissant en 1895 sur la méprise des généalogistes! »

Lisons donc la notice qu'il publie — « Les plus anciens seigneurs de Saint-Sulpice dont on ait conservé le souvenir, portaient le nom d'Hébrard; ils étaient de la même famille, suivant un auteur du Quercy, que Saint-Sulpice (VIIe siècle); le château-fort du XIIIe siècle avait quatre étages, et fut bâti devant un rocher de deux cents mètres de haut en forme d'un demi cirque, dont l'intérieur est occupé par un jardin en forme de terrasse, une cavité servait de prison, on croit qu'on frappait monnaie dans une autre; vers la fin du XVIe siècle, un autre édifice — bâti par Jean d'Hébrard baron de Saint-Sulpice — fit suite au premier, il était plus vaste. On y comptait autant de croisées que de jours dans l'année; la richesse des meubles répondait à la beauté et à la profusion des peintures. « Statistique du département du Lot par G. A. Delpon. » *(L'auteur de l'article se trouve donc cité; si on voulait dissimuler le passage des Crussol d'Uzès pendant deux siècles, on n'aurait pas nommé celui qui en parle)*. La notice continue « la révolution n'a laissé subsister que des ruines. Elle appartient *(cela veut dire qu'elles appartiennent de tout temps? et sans interruption)* elles appartiennent aux derniers descendants de la famille d'Hébrard de Saint-Sulpice, de la branche du Rocal. »

Quant à s'amuser à écrire d'Ebrard de Saint-Sulpice par un E et non par un H, c'est peine inutile; il n'y a pas un auteur contemporain parlant du Quercy, qui ne mette un H à Hébrard, on se conforme en cela à un usage tout à fait général, du reste les d'Hébrard du Rocal ont écrit indifféremment leur nom par un H ou par un E avec ou sans particule, comme les d'Hébrard de Saint-Sulpice. Mais on aime semer à chaque page une insinuation perfide sachant que beaucoup de lecteurs, *les plus sujets à caution surtout,* prêtent aux critiques une oreille plus favorable qu'aux éloges; ils en éprouvent trop de plaisir pour les contrôler!

Armorial Français, page 255.

Nous avons vu qu'avec Claude d'Uzès, s'éteignit la branche aînée de Saint-Sulpice, dont les biens passèrent à la maison d'Uzès, c'est qui a permis à la Chesnaye-Desbois, d'écrire

Dans le dictionnaire de la noblesse de la Chesnay Desbois et Badier, 3e édition, page 455 à 460, se trouve à l'article Bonal, l'alliance de Marie-Marguerite de Bonal, le 29 juin 1738, avec François d'Ebrard *de Saint-Sulpice,* seigneur du Rocal; ce n'est donc pas M. de Laffore qui a parlé le premier de l'origine com-

qu'avec elle s'éteignit la maison d'Ebrard de Saint-Sulpice.

mune des d'Hébrard; d'autres généalogistes encore et de valeur reconnue ont affirmé la même chose. Je citerai de Courcelles dans son *Nobiliaire universel de France*. De Saint-Allais dit aussi dans le tome XVIII de son ouvrage : « Ce fut vers le milieu et la fin du XIIIe siècle que la maison d'Hébrard se divisa en plusieurs branches. *De la branche de Saint-Sulpice sont sortis entre autres : 1° les seigneurs du Rocal;* 2° les seigneurs de Montplaisir *3° les seigneurs de Saint-Cyr.*

Armorial Français, page 255.

La maison d'Hébrard du Rocal, est elle de même estoc que les Saint-Sulpice, nous n'hésitons pas à répondre non, mais il convient d'abord de dire ce qu'étaient les d'Hébrard du Rocal, Jacques d'Hébrard, fut condamné à 400 livres d'amende comme usurpateur de noblesse par Claude Pelot. Il est vrai de dire qu'en 1785 à la veille de la Révolution, Charles d'Hébrard du Rocal, obtint un arrêt du conseil de roi, sur un mémoire de Chérin, déclarant la nullité du précédent jugement.

Pour amoindrir les d'Hébrard du Rocal, on ne peut s'appuyer que sur un jugement rendu pour usurpation, qu'on est forcé de reconnaître deux lignes plus loin *nul et sans valeur!* On se console en disant que cette nullité a été déclarée à la veille de la Révolution, en 1785, *comme si en 1785 le roi n'était déjà plus le maître!!!* Rien au contraire ne prouve mieux que ce jugement de maintenue la noble origine de cette branche. « Il est diffiicile, dit-il, de dissiper avec plus de succès les nuages qui paraissent s'élever... filiation établie depuis 1503, qualifications continuellement nobles, possessions de fiefs, alliances nobles et même de marque, tels sont les motifs qui portent à croire qu'il est de la justice de Sa Majesté d'accueillir la demande du suppliant avec bonté. — Le Roi l'a maintenu et le maintien dans sa noblesse *de race et d'extraction.* »

Armorial Français, page 256.

Tandis que les seigneurs de Saint-Sulpice étaient une des plus puissantes maisons du Quercy, les du Rocal se trouvaient en Agenais dans une situation infiniment plus modeste.

Ce n'est qu'à partir du XVIe siècle que les seigneurs de Saint-Sulpice sont devenus une des plus puissantes maisons du Quercy. Les deux branches étaient déjà depuis longtemps séparées et avaient vécu jusqu'alors dans des conditions d'égalité complète. (Voir don Villevielle, Bibliothèque nationale de Paris.) On dit qu'il n'y a aucune comparaison entre les Saint-Sulpice et les du Rocal : on n'a donc pas vu les alliances de ces derniers avec les de La Lande, d'Hauteville, d'Albert de Laval, d'Aspremont, de Bonal, de Preissac, de Sarrau, de Malvin, de Fumel-

Monségur, par exemple, ne sont-elles pas *des alliances de marque dignes de celles de la branche aînée,* elles se trouvent toutes citées à la Bibliothèque nationale de Paris.

Page 256, *bis.*
Les d'Hébrard qui avaient de bonnes raisons de remonter leur généalogie au delà de ce Bernard de 1503, etc.

Extrait des registres du Conseil d'Etat du Roi : « Le jugement contre Jacques d'Hébrard, seigneur de Palandray, n'obligeait le suppliant qu'à prouver *jusqu'en 1560* pour remonter cent ans au-delà de la recherche. La preuve remonte jusqu'en 1503 ; il n'en fallait donc pas davantage et il n'avait donc pas les *bonnes raisons* dont on parle de pousser plus loin ses recherches.

Il pouvait du reste les faire remonter avec la plus grande facilité. Il suffit d'examiner à la Bibliothèque nationale la collection de don Villevielle, vol. 36, fol. 1 à 6, on reconnaîtra l'erreur. On ne l'aurait du reste pas commise si on avait lu entièrement l'ouvrage de M. de Laffore, par exemple aux pages 151 et 161. On peut comparer à la Bibliothèque nationale, on constatera que Chérin écrit souvent notre nom par un H ou par un E et que don Villevielle l'écrit par un E, bien qu'il soit souvent question des mêmes personnages *et que tous les actes soient passés à Villeneuve-sur-Lot.* Il n'y a donc pas de « généalogie présumée », comme on se plaît à l'affirmer.

Page 257, idem.
Nulle preuve n'établit que ce Bernard, est fils de Jacques dont la femme est également inconnue.

On n'a pas voulu lire la page 159 de notre généalogie, on aurait vu : « Jacques d'Hébrard fut marié à Noble Jeanne de Pughpeyros, elle testa en 1467 et fit des legs à divers membres de sa famille » (la preuve de ces actes est à la Bibliothèque nationale, don Villevieille, volume 36).

Quant aux particules devant les noms, on sera forcé de convenir avec moi, qu'elles ne se trouvent *ni plus ni moins souvent chez les Hébrard de Saint-Sulpice que chez les Hébrard du Rocal* des deux branches, elles ne prouvent du reste rien, puisque toutes trois ont produit leurs preuves ou leurs certificats de noblesse et que toutes trois ont compté de leurs membres dans les compagnies de gentilshommes. Toutes les familles ont ces différences d'orthographe et de particule dans les manuscrits de la bibliothèque de Paris.

Page 259.
Les Hébrard de Villeneuve (d'Auvergne), encore représentés de nos jours qui très probablement se rattachent aux précédents, bien que leur filiation prouvée, ne remonte qu'à 1690, car ici nous trouvons la similitude des armoiries, qui dans la circonstance, expliquent et complètent le nom.

Voici qui est tout à fait... *curieux !!* On interdit à Cherin, généalogiste officiel du Roi, de présumer quoi que ce soit pour les Hébrard du Rocal, auxquels Courcelles et Saint-Allais donnent même les armes de la branche aînée, et une page plus loin, on se permet de présumer qu'une famille ne prouvant que *jusqu'à 1690* remonte à une famille datant de 1100. Je ne le nie point, mais il ne faut pas se baser pour elle sur la similitude des armoiries, car si elle existe entre les Hébrard de Confolens et les Hébrard de Villeneuve (d'Auvergne), il est impossible de la constater entre ces derniers et les Hébrard de Saint-Sulpice, *dont il s'agit,* et qui portent : parti d'argent et de gueules, tandis que les Hébrard d'Auvergne portent : d'argent à deux lions de sable passants posés l'un sur l'autre lampassés et armés de gueules !

La critique se montre ici très large et avec raison j'en suis convaincu, mais pourquoi réserve-t-elle toutes ses foudres pour les Hébrard du Rocal, auxquels on doit pourtant permettre *comme le Roi* de remonter *au minimum jusqu'à 1503,* soit deux siècles plus haut ! Comment apprécier cette différence et que faut-il désormais penser d'une telle *impartialité.*

Page 260, idem.
Est-il permis de se baser sur la proximité des provinces.

Elle ne facilite toujours pas la preuve du contraire, surtout l'identité de position sociale étant prouvé entre les Saint-Sulpice et les du Rocal qui n'avaient *que la différence de fortune,* inévitable entre les aînés et les cadets.

C'est une injustice criante et ridicule, d'insister ici sur une condamnation pour usurpation reconnue *absolument nulle.*

Page 260.
Tout au moins le souvenir d'une origine aussi illustre est-il invoqué dans les anciens actes produits par les Hébrard du Rocal, à une époque moins lointaine ? Nous n'avons nulle trace de cette prétention dans les pièces produites devant Chérin et à la Bibliothèque nationale.

Comme on a mal cherché dans cette collection Chérin dont on parle !! il suffisait de lire cet extrait de la bibliothèque du Roi. Pièces originales, Bibliothèque nationale de Paris, n° 1501. On demande la preuve d'une *prétention,* la voici :

Lettre à M. de la Cour à Paris, le 22 juin 1746, datée de Penne d'Agenois.

« Je voudrais bien, Monsieur, avoir mérité par quelqu'endroit, la bonté que vous avez pour moi et pour mes deux cadets, qui sont tous deux dans le régiment de Grassin et dans la compagnie de M. votre neveu, je serais encore plus heureux, s'ils se comportaient de manière à m'éviter votre puissante protection. Je suis bien mortifié de ne pouvoir satisfaire à ce que vous demandiez de moi par votre lettre du 21 passé, et mon fils a été un peu vite en vous assurant que je pouvais vous envoyer une généalogie de *vingt-trois générations,* il n'y a guère en France de famille qui puisse se porter si loin et je m'assure que dans cette province de Guienne, il n'y a guère de maison *plus ancienne* que celle des Hébrard, dont je sors cadet, et les titres originaux sont dans les mains du fils de mon aîné. Je vous envoie *une partie* de la généalogie de la maison qui n'est que de *300 ans,* s'il était nécessaire de faire remonter plus haut, *il ne me serait pas fort difficile,* mais je crois que cela suffira.

Je l'ai fait collationner par le subdélégué de Monseigneur l'intendant à Villeneuve (sur-Lot) si nous avions eu le grand serviteur du Roy dans ce pays, je l'aurais fait viser par lui ; si cela ne suffit pas, Monsieur, honorez moi d'une de vos réponses et je me règlerai sur ce que nous ne manquons pas d'officiers de distinction, dans l'armée des Flandres, qui appuieront à Monsieur votre neveu, ce que j'annonce.

Je vous demande en grâce, Monsieur, la continuation

de vos bontés pour nos pauvres enfants, et votre puissante protection auprès de votre neveu pour eux.

J'ai l'honneur d'être, etc., etc.

Signé : *Saint sir* d'Hébrard du Rocal.

Page 261 et 262.
Testament de Christophe d'Hébrard de Saint-Sulpice.

Ici, toute l'argumentation repose sur ce que les d'Hébrard du Rocal n'ont pas pu hériter de la terre de Saint-Cir, ni en porter régulièrement le nom, il suffira donc de prouver que dans les actes officiels ils ont toujours pris ce titre.

A la Bibliothèque nationale, le registre 1501 des pièces originales, intitulé partie de la généalogie de la noble et ancienne famille d'Hébrard à prendre depuis l'année 1441 etc., permet de constater que le titre de seigneur de Saint-Cir est régulièrement porté.

Le fils de Louis d'Hébrard que l'*Armorial français* traite de prétendu brillant « seigneur de Saint-Cir » et *faussement* de procureur d'Issignac épousa le 11 juin 1708 devant Vayssière, notaire royal, Marguerite de Lacoste, dont sont issus Charles Hébrard *de Saint-Cyr* et Antoine Hébrard *de Saint-Cyr* qui servent en qualité de cadets dans le régiment de Grassin. Il faut lire surtout ceci : « Nous subdélégués du seigneur intendant, généralité de Bordeaux à Villeneuve d'Agenais, certifions que M. d'Hébrard *de Saint-Cir* du Roqual m'a représenté *les actes en forme* qui établissent et font preuve de la généa-ci-dessous et de l'autre part écrite.

A Villeneuve, le 22 Juin 1746.

Signé : PROUZET.

Continuant le registre 1501, pièces originales, on lit : « Nous seigneurs nobles, du pays d'Agenais, certifions et attestons à tous ceux qu'il appartiendra que M. de *Saint-Cir* du Rocal est issu *d'une des plus anciennes maisons de noblesse* de notre province, certifions aussi que deux de ces Messieurs ses enfants qui désirent servir dans le régiment de Grassin sont de bonne et mœurs ayant servi en qualité de lieutenant dans le bataillon de milice de Bergerac, l'autre, en qualité de cadet dans le régiment de Conty infanterie pendant trois ans. En foi de quoi nous avons signé à Villeneuve, le 6 Mars 1746.

Signé : MONLALEMBERT, brigadier des armées du Roy.
FUMEL-MONSÉGUR.
CADRIEU, lieutenant des Maréchaux de France.

Mais que reste-t-il alors de la critique du testament de Christophe Hébrard de Saint-Sulpice puisqu'on voit son héritier porter son titre devant l'intendant du Roi. Claude Simone Hébrard de Saint-Sulpice ne fut jamais que dame *en partie* de Saint-Cir[1].

D'Hébrard du Rocal tenait si particulièrement *à ce titre de Saint-Cir* qu'il l'inscrit avant ses autres noms et Saint-Allais, dans son nobiliaire tome XVIII *lui reconnaît les armes de la branche aînée*. Voilà donc bien établi les droits du « brillant seigneur de Saint-Cir ! »

Page 264.

L'identité de lieux et de noms qui permet, dit-on, de faire présumer au généalogiste Chérin une origine commune ne satisfait pas, et pourtant *on veut bien présumer pour les Hébrard d'Auvergne* comme je l'ai montré plus haut, mais on nie absolument ici, parce qu'il s'agit des Hébrard du Rocal. Quand on nie sans preuve, on doit avoir de l'indulgence pour ceux qui présument sur de *grandes probabilités*, d'autant plus grandes que la collection de don Villevielle à la Bibliothèque nationale, *les change en certitude* pour plusieurs degrés ! Si on épluchait de cette façon toutes les notices généalogiques publiées dans l'*Armorial français*, on pourrait en cesser l'impression faute d'éléments, mais on n'est *jamais* aussi sévère, on n'y tient *pas même aux dates précises exigées toutes de M. de Laffore ;* dans cette

1. Il arriva simplement que ces mots en partie furent omis dans certains actes publics ce que l'on constate bien souvent en pareille circonstance.

même publication qui le critique je vois partout à l'article « le sang royal de France et ses alliances, des mariages *vers* 1598, *vers* 1560, *vers* 1570, *vers* 1715, *vers* 1416, *vers* 1238, *vers* 1770, *vers* 1430 ! ! ! ! »

Ce fascicule contient aussi d'autres choses *bien amusantes*.

Plutôt que de présumer, on veut admettre comme absolument certain que les d'Hébrard des deux branches aînées de Saint-Sulpice et du Rocal, dont on a pu remarquer la nombreuse progéniture, n'ont jamais fondé aucune branche, on s'étonne aussi que les cadets ne soient pas aussi riches que les aînés, que leurs situations ne soient pas restées absolument égales, mais les preuves apportées là d'origines différentes sont bien plus *présumées* que les nôtres ! ! !

Page 265, idem.
Ici nous trouvons de si factueuses lacunes, qu'il est impossible de considérer la filiation comme établi.

Laurens d'Hébrard, XXVIIIme degré, est fils de François et d'Anthonie de Preissac, ce François est cité à la Bibliothèque nationale, fond Clairambault, sceaux vol. 127, fol. 1047, dans une montre et revue de l'an 1573 avec le sceau d'Armand de Gontaut (beau-frère de Jean d'Hébrard de Saint-Sulpice), François est inscrit comme demeurant en Agenois, son contrat de mariage fut passé devant Gary, notaire royal, le 5 juillet 1576, au château de Canabazès (coll. Cherin, Biblio. nat.).

Laurens XXVIIIme dégré épousa, le 20 mai 1612, Marie de Ferrière, devant Petit, notaire à Villeneuve, il passa un acte de vente devant Gille Manau, notaire en 1622, ces actes ont été rappelés par M. Borel d'Hauterive. Il est également cité à un baptême dans les archives de Penne d'Agenais.

XXIXme degré, Arnaud, marié en 1660 à Noble Marie de Despeyron, voir Borel d'Hauterive, fit un échange de terre à Villeneuve-sur-Lot, devant Pierre Delbosq, notaire, il eut de son mariage entr'autres : Charles, qui continue la descendance et Jacques, sieur des Giraudeaux, marié à Noble Catherine de Vassal de Touron, d'une illustre famille à laquelle Raymond Hébrard, seigneur de Saint-Sulpice, n'avait pas dédaigné de s'unir au XIVe siècle. Cette alliance dénote une situation à l'abri de vos insinuations. Elle se prouve par le contrat de mariage de Marie d'Hébrard, leur fille, qui se trouve dans notre généalogie, page 164, et me fut envoyé par le très savant M. Tamizet de Laroque, correspondant de l'Institut, président d'honneur du conseil héraldique. L'original est dans les archives de M. Engène Campagne à Gontaut (Lot-et-Garonne), on peut l'y consulter, il fut passé par Lasalle Tessier, notaire royal, et insinué à Tonneins, le 15 octobre 1748.

Le troisième des enfants d'Arnaud et de Marie de Despeyron, fut Arnaud, qui servit dans une compagnie de gentilshommes du Roi à la citadelle de Tournay.

XXXme degré, Charles, lieutenant au régiment de Menou (Archives du ministère de la Guerre), naquit en 1674, à Montignac. Son existence et son grade sont bien prouvés par un parchemin qui se trouvait dans les archives de M. Charles d'Hébrard, capitaine au régiment des guides, il est actuellement entre les mains de la vicomtesse de Pellan, au château de Bissin (Bretagne), il est signé par Armand Nompar de Caumont, duc de la Force. (Charles y est qualifié de ci-devant lieutenant de grenadier au régiment de Menou), ce parchemin est daté du château de Tonneins, le 2 novembre 1728.

Charles mourut en 1744, le 27 septembre. *On ne cite pas plus cet acte que le mariage de Jacques avec Catherine de Vassal, ni que celui de leur fille avec Pierre de l'Église,* seigneur de la Lande, capitaine au régiment de Champagne, car ces alliances gênent la critique *autant que le certificat du petit fils, Jacques,* qu'on se garde bien aussi de mentionner, parce qu'il est signé de noms bien connus, mais je le transcrirai plus loin.

On reproche à M. de Laffore d'avoir mis « du Rocal » aux enfants de Laurens Hébrard du Rocal, fils cadet du seigneur du Rocal, et pourtant il l'a fait seulement pour *distinguer les branches,* et non pour leur donner une seigneurie, qui appartenait à leurs cousins.

Page 266. On se réjouit de l'épithète de bourgeois, trouvée devant le nom de Jean, *fils d'un gentilhomme,* lieutenant au régiment de Menou, neveu d'un *gentilhomme* au service du Roy, à Tournai, et d'un autre gentilhomme marié à une Vassal, père de *deux gentilshommes,* l'un chef d'escadron, puis lieutenant-colonel, l'autre lieutenant, puis capitaine au régiment royal Guienne; on obtient là pourtant, un bien maigre succès !

La mère de Jean, dit-on, ne s'appelait pas de Nadau, mais Nadau tout court. Or, il existe à Gontaud, un acte que m'a transcrit le savant M. Tamizet de Laroque ; il y est justement question de la demoiselle de Nadau et de sa famille, et la particule s'y trouve.

Page 267. On affirme que les actes donnent à la femme de Jean, non pas le nom du Courneau, mais celui de Carnaud ; nous avons heureusement dans nos archives, tous les papiers et actes de cette famille du Courneau et il faut qu'on ait écrit Carnaud par corruption ou erreur ; on écrivait bien que Jacques d'Hébrard était chef d'escadron, alors que l'annuaire militaire de 1793, qu'on peut consulter, lui donne *son vrai grade de lieutenant-colonel,* page 264, article intitulé ci-devant régiment Royal-Guienne ; vous y trouverez :

Colonel Beauregard,
Lieutenant-Colonel, Hébrard aîné,
Capitaine, Hébrard, cadet.

Jacques d'Hébrard et son frère avaient d'abord servi au régiment d'Orléanais, puis ils passèrent au régiment Royal-Guienne, vous les voyez cités dans l'*Annuaire militaire,* à l'article Royal-Guienne, comme lieutenant

ils avaient pour colonel le vicomte de Tonnerre, pour chef d'escadron M. de Nettancourt et pour sous-lieutenants MM. de Noblet et de Gondrecourt, leur certificat de noblesse, *que le critique fait exprès* de ne pas citer, avait donc eu toute sa valeur.

Au XXXIIIme degré, on cite avec plaisir le nom de du Plessier écrit en un mot, mais c'est contraire à toutes les preuves de la Bibliothèque nationale, car la famille de mon arrière grand'mère était illustre et très connue en Picardie. Cela prouve seulement que l'orthographe des noms n'avait pas autrefois l'importance qu'on tient à lui donner, toutes les fois qu'il s'agit de nous nuire.

Je termine en citant le certificat de noblesse de Jacques d'Hébrard, M. de Laffore a eu l'original sous les yeux, il se trouvait dans les archives de M. Charles d'Hébrard, capitaine aux guides, puis est passé à Mme la vicomtesse de Pellan, au château de Bissin en Bretagne. Il est revêtu de dix signatures et cachets :

« Nous, soussignés, gentilhommes de l'Agenois, certfions, à qui il appartiendra que nous reconnaissons pour gentilhomme Monsieur Jacques d'Hébrard, lieutenant dans le régiment de l'Orléanois-cavalerie, en foi de quoi nous avons signé le présent certificat, pour lui servir à ce que de raison.

A Agmé, le 6 Avril 1788.

Le baron de Vassal,
D. Dariscon,
De Cours l'Escale,
L'Église de la Lande.

Jean Colombet de Hafaurenque, avocat au parlement subdélégué de l'intendance de Guienne, au département de Marmande, certifions à tous ceux qu'il appartiendra que les signatures ci-dessus apposées de Vassal, de Cours

l'Escale, de Dariscon, et de l'Église de la Lande, sont les véritables signatures (ceux qu'on vient de nommer), tous, gentilshommes, et que foi peut et doit y être ajoutée tant hors que sur jugement.

Fait à Marmande, le 10 avril 1788.

COLOMBET DE HAFAURENQUE, subdélégué.

Nous, intendant et commissaire, départi pour l'exécution des ordres du Roi en la généralité de Bordeaux, certifions que la signature ci-dessus est la véritable signature du sieur Colombet de Hafaurenque, notre subdelégué au département de Marmande, et que foi doit y être ajoutée à ladite signature partout où il appartiendra, témoin de quoi nous avons signé le présent auquel nous avons fait apposer le sceau de nos armes et fait contresigner, par notre premier secrétaire, pour servir à valoir à telle fin que de raison.

Fait à Bordeaux, le 6 mai 1788.

Illisible.

Par Monseigneur HENRIOT.

Nous, marquis du Gravier, lieutenant de nos seigneurs les maréchaux de France, attestons à tous ceux qu'il appartiendra que les quatre seings qui sont au bas du présent certificat, sont de M. le baron de Vassal, de Dariscon, de Cours de l'Escale et de l'Église de La Lande et que c'est la véritable signature de ces messieurs, tous quatre de très bons gentilshommes, les connaissant comme étant nos voisins dans notre arrondissement.

En foi de quoi ai signé la présente attestation, et posé le sceau de nos armes, à Bordeaux, le 16 mai 1788.

Signé : le marquis du GRAVIER.

Je soussigné, certifie que M. d'Hébrard *a toujours été reconnu pour gentilhomme.*

Le marquis de FLAMARENS.

Nous, lieutenant de nos seigneurs les maréchaux de

France au département d'Agen, certifions comme dessus. Fait dans notre château de Caussade, ce 22 mai 1788.

Signé : de Béchon de Caussade.

On veut affirmer que les d'Hébrard du Rocal[1] ne sont ni parents ni héritiers de Christophe d'Hébrard de

1. François d'HÉBRARD du ROCAL, mestre de camp de 6 compagnies, épousa Antoinette de PREYSSAC, 1576

Charles d'Hébrard, ép. Brandelyse de Preyssac, 1608.	Laurent d'Hébrard, ép. Marie de Ferrières, 1612.
Charles d'Hébrard, ép. Paule de Sarrau, 1635.	Arnaud d'Hébrard, ép. Raymonde de Baynac, 1640.
Jacob d'Hébrard, ép. Françoise de Malvin, 1660.	Arnaud d'Hébrard, ép. Marie de Despeyron, 1660.
Charles d'Hébrard, ép. Marie-Anne de Fumel Monségur, 1698.	Charles d'Hébrard, ép. Marthe de Nadau, 1695.
Nicolas d'Hébrard, ép. Catherine de Bécave Serignac, 1723.	Jean d'Hébrard, ep. Jeanne de Courneau, 1731.
Charles-F. d'Hébrard, ép. Marie-Marguerite de Bonal, 1764, dont les fils moururent sans postérité.	Jacques-Georges d'Hébrard, ép. Odette du Plessier, 1781.
Élisabeth d'Hébrard du Rocal, ép. à Jean-Baptiste de la Borie, dont :	Pierre-François d'Hébrard, ép. Laurence de Torcy, 1839.
Jacques-Louis de la Borie, épousa Marie de la Rivière Carmentran, dont plusieurs enfants entre autres.	Alfred d'Hébrard, ép. Clémence Loyaerts, 1858.
Marcel de la Borie, prêtre, né en 1834.	Fernand d'Hébrard, ép. Eugénie de Bouteville, 1892.

Saint-Sulpice, seigneur de Saint-Cir, j'ai prouvé qu'ils ont hérité de ce dernier mâle de la branche de Saint-Sulpice, puisqu'ils ont porté régulièrement le titre de seigneurs de Saint-Cir; de plus, parmi leurs descendants, quelques-uns ont encore des tableaux de famille des Saint-Sulpice, héritage de leur mère, Catherine-Madeleine-Elisabeth d'Hébrard du Rocal, épouse de Jean-Baptiste de La Borie, né le 22 juin 1769, capitaine, chevalier de Saint-Louis.

Et la famille de La Borie de Villeneuve-sur-Lot, a continué avec nous les rapports de parenté ; j'ajouterai que le marquis de Bonal, neveu de Charles d'Hébrard du Rocal (frère de Catherine de la Borie née d'Hébrard) marié à Marguerite de Bonal, agit de même, et j'ai les preuves de ce que j'avance. Que reste-il-alors de toutes les négations de l'*Armorial Français.*

C'est en 1858 qu'est mort le chef de la branche aînée du Rocal cadette des Saint-Sulpice et nous sommes, par cette mort, les derniers représentants de cette famille.

Je crois maintenant avoir répliqué à tout ce qui, dans l'article, ressemblait à de la critique; je n'ai pas à répondre à ce qui touche au pamphlet. *J'ai cessé de m'abonner à l'*Armorial *depuis plus d'un an, parce qu'il paraissait avec cinq ou six mois de retard* et j'ai motivé mon refus; on veut injustement, me le faire expier aujourd'hui !

La publication qui m'attaque a mal débuté dans cette *nouvelle* voie de critique acerbe; qu'elle se console en vérifiant autour d'elle bien des notisce généalogiques ridicules, *bien des titres plus ronflants que solides !*

Qu'elle s'en occupe au lieu d'attaquer les descendants d'héroïques soldats qu'elle n'a même pas le suprême plaisir de nous enlever, mais dont *malgré les annuaires militaires,* elle essaie d'abaisser les grades. Son but ne sera jamais atteint et la haine ou l'envie de ceux qui la poussent jamais satisfaite.

Même si elle avait dit vrai, il me serait toujours resté pour aïeul un officier de grand mérite, brave comme son épée; on ne rougit pas d'un tel ancêtre : il ne fallait pas de plus beaux faits d'armes pour obtenir une baronnie sous Henri IV; il en fallait beaucoup moins pour acheter un marquisat sous Louis XV!!

J'ai en original les attestations de toutes les actions héroïques de mon aïeul, Jacques d'Hébrard, mais je ne parlerai ni des honneurs qui lui furent décernés, ni de ses blessures, je ne citerai qu'un seul fait, le voici :

« Lettre extrait de l'état détaillé et exact de plusieurs traits et actions héroïques dont le souvenir mérite d'être conservé et qui ont eu lieu depuis le commencement de la guerre :

« Jacques Hébrard — commandant le régiment — guidé par son courage et son sang-froid ordinaire, a fait mettre bas les armes *à tout un bataillon de grenadiers Hollandais sous les murs de Menin*, le 13 septembre 1793; seul, il crié à bas les armes! à bas la mêche! Puis feignant d'être soutenu par une troupe considérable, il a crié : « A moi la cavalerie, marche! » Cette conduite ferme et soutenue a ébranlé la colonne hollandaise; il s'aperçoit de cet heureux mouvement, franchit un fossé, fait éteindre la mêche prête à mettre le feu aux canons dirigés sur quelques tirailleurs du régiment qui venaient à son secours. Il répète son cri de ralliement à la cavalerie. Alors le commandant du bataillon lui demande à qui il a affaire. Hébrard répond : « Au commandant de la cavalerie, qui va vous faire hacher si vous ne vous rendez. »

A ces mots, le commandant du bataillon demande sûreté et protection. Hébrard le lui promet et tient parole; le bataillon met bas les armes, Hébrard lui fait faire cinquante pas en arrière et s'empare ainsi, *avec quarante hommes à peu près*, de toute cette colonne, qu'il a fait traiter avec humanité, laissant à chacun son sac au dos. Ce bataillon avait six pièces de canon avec leurs caissons. Par suite de cet événement, le régiment reçoit après sept autres pièces d'artillerie, quantité de caissons, d'armes et de munitions, et tous les bagages des officiers prisonniers.

Les chevaux manquant pour conduire toutes ces pièces et les voitures, tout le régiment a partagé glorieusement le succès de cette mémorable journée.

Ont signé l'état détaillé des actions héroïques : GIROUX, N. GRISEY, VINOT, LE BLANC.

Je comprends qu'un tel ancêtre soit pris pour un fondateur de race! On pouvait me l'enlever aussi justement que les autres, mais on a senti que le parti pris lui-même avait ses limites et qu'elles étaient déjà dépassées.

F. H.

Septembre 1895.

www.ingramcontent.com/pod-product-compliance
Lightning Source LLC
LaVergne TN
LVHW010252230826
846091LV00007B/2930

* 9 7 8 2 0 1 1 7 8 0 1 6 4 *